Guide du Food Truck pour les débutants
Comment démarrer, financer, planifier et obtenir de l'équipement et des fournitures en gros

par Brian Mahoney

Table des matières

Introduction

Partie 1 : Aperçu de l'activité des food trucks

Partie 2 Les bonnes raisons de créer un food truck

Partie 3 Comment identifier le marché cible de votre Food Truck

Partie 4 Comment créer le menu de votre food truck

Partie 5 : Stratégie de fixation des prix des camions de restauration

Partie 6 Choix de l'emplacement pour votre entreprise de camionnettes alimentaires

Partie 7 Permis et licences pour les entreprises de camionnettes alimentaires

Partie 8 Règlement sur la santé et la sécurité des food trucks

Partie 9 Choisir son Food Truck ou sa remorque

Table des matières

Partie 10 Équipement et fournitures pour votre entreprise de camionnettes alimentaires

Partie 11 Sites web de food trucks pour l'équipement et les fournitures

Partie 12 Plan de marketing d'une entreprise de camionnettes alimentaires

Partie 13 Financement et financement de votre entreprise de camionnettes alimentaires

Partie 14 Crédit d'impôt pour les entreprises de camionnettes alimentaires

Partie 15 Faire face à la concurrence et aux autres défis de votre activité de Food Truck

Partie 16 Ressources pour les entreprises de camions-restaurants

Glossaire

Conclusion

Clause de non-responsabilité

Les informations fournies dans le Food Truck Business Guide Book for Beginners : Comment démarrer, financer, planifier et obtenir de l'équipement et des fournitures en gros sont fournies à titre informatif et éducatif uniquement. Bien que tout ait été mis en œuvre pour garantir l'exactitude et la fiabilité du contenu, ce livre ne remplace pas les conseils d'un professionnel. Les lecteurs sont encouragés à consulter des professionnels du droit, de la finance et des affaires avant de prendre toute décision relative à la création ou à l'exploitation d'une entreprise de food truck.

L'auteur et l'éditeur n'offrent aucune garantie quant aux résultats ou à la réussite de l'application des informations fournies. La création d'une entreprise comporte des risques et les résultats individuels varieront en fonction de facteurs tels que la situation géographique, les conditions du marché et les efforts personnels. L'auteur et l'éditeur déclinent toute responsabilité en cas de perte, de dommage ou de blessure résultant de l'utilisation des informations contenues dans ce livre.

En lisant ce livre, vous acceptez d'assumer l'entière responsabilité de vos décisions et de vos actions. Veillez à respecter toutes les réglementations locales, nationales et fédérales applicables à votre entreprise.

Faites de ce guide une source d'inspiration et d'information pour votre parcours entrepreneurial, mais n'oubliez pas que votre réussite dépend de votre détermination, de votre préparation et de votre capacité d'adaptation.

Introduction

Il est temps d'en finir avec les soucis d'argent !

Bienvenue à...

Guide du Food Truck pour les débutants
Comment démarrer, financer, planifier et obtenir de l'équipement et des fournitures en gros

par Brian Mahoney

Imaginez que vous puissiez avoir les connaissances dont vous avez besoin pour créer votre entreprise et vivre le style de vie américain sans souci, l'indépendance, la prospérité et la tranquillité d'esprit.

Soyez enthousiaste, car vous allez découvrir aujourd'hui...

Pourquoi c'est le moment idéal pour créer un food truck ?

Comment trouver votre marché cible

Comment créer le menu de votre food truck

Quelle est la meilleure stratégie de prix pour votre entreprise ?

Comment sélectionner votre ou vos lieux de résidence

Comment trouver des prix de gros sur les équipements et les fournitures ?

Comment sélectionner le meilleur food truck pour votre entreprise et l'obtenir à des prix de gros ?

Comment faire face à la concurrence

Comment éviter les tracasseries administratives et obtenir vos permis et licences ?

Comment constituer une SARL et protéger votre entreprise

Comment obtenir des subventions gouvernementales et obtenir jusqu'à 5 millions de dollars de la SBA

Comment réparer son crédit, augmenter sa cote de crédit et obtenir de l'argent en masse dans le crédit aux entreprises !

Comment atteindre un milliard de clients GRATUITEMENT !

Vous avez le droit de rétablir une culture de l'action dans votre vie. Il est temps de profiter de la sécurité financière que vous et votre famille méritez... Les gens sont détruits par manque de connaissances... Alors, profitez de ces connaissances et commencez dès aujourd'hui à faire du reste de votre vie, le Meilleur de votre vie !

PARTIE 1
Food Truck Business
Vue d'ensemble

Le secteur des camions-restaurants est un secteur dynamique et en pleine expansion de l'industrie de l'alimentation et des boissons. Voici un aperçu de ce secteur :

Croissance du marché : Le secteur des food trucks a connu une croissance significative ces dernières années, sous l'effet de facteurs tels que l'évolution des préférences des consommateurs pour des expériences de restauration pratiques et uniques, ainsi que des frais généraux inférieurs à ceux des restaurants traditionnels en brique et mortier.

Une cuisine variée : Les food trucks proposent un large éventail de cuisines, des hamburgers et tacos gastronomiques aux plats ethniques tels que la cuisine thaïlandaise, mexicaine et méditerranéenne. Cette diversité attire un large public et permet d'expérimenter des saveurs et des concepts différents.

Mobilité et flexibilité : L'un des principaux avantages des food trucks est leur mobilité. Ils peuvent s'installer à différents endroits en fonction de la demande, pour servir des événements, des festivals, des parcs de bureaux et des quartiers. Cette flexibilité permet aux propriétaires de food trucks de toucher une clientèle plus large.

Des coûts de démarrage moins élevés : Par rapport à l'ouverture d'un restaurant traditionnel, la création d'un camion-restaurant nécessite généralement un investissement initial et des coûts d'exploitation moins élevés. Il s'agit donc d'une option intéressante pour les entrepreneurs en herbe qui souhaitent se lancer dans l'industrie alimentaire avec des ressources limitées.

Innovation et créativité : Les food trucks innovent souvent dans leur offre de menus, en incorporant des tendances telles que les options à base de plantes, la cuisine fusion et des combinaisons de saveurs uniques. Cette créativité leur permet de se démarquer sur un marché concurrentiel et d'attirer des clients fidèles.

Défis : Malgré sa popularité, le secteur des food trucks est confronté à des défis tels que les obstacles réglementaires, la concurrence pour les emplacements de choix, les changements de saison et la nécessité d'une logistique et d'une gestion des opérations efficaces.

Dans l'ensemble, le secteur des camions-restaurants offre aux entrepreneurs une occasion passionnante de mettre en valeur leurs compétences culinaires, d'entrer en contact avec les clients dans un cadre plus décontracté et de contribuer au dynamisme de la culture alimentaire dans les communautés.

PARTIE 2
De bonnes raisons de créer un food truck

Faible investissement initial : Par rapport à l'ouverture d'un restaurant traditionnel, la création d'un camion-restaurant nécessite généralement un capital initial moins élevé. Cela peut rendre l'entreprise plus accessible aux entrepreneurs disposant de fonds limités.

Flexibilité et mobilité : Les food trucks offrent la possibilité de changer d'emplacement en fonction de la demande. Vous pouvez explorer différents quartiers, participer à des événements ou même suivre les tendances saisonnières pour maximiser vos opportunités commerciales.

Public ciblé : Les food trucks vous permettent de cibler des groupes démographiques spécifiques ou des événements où la demande pour votre type de nourriture est élevée. Par exemple, vous pouvez vous adresser aux employés de bureau à l'heure du déjeuner, aux festivaliers ou aux personnes en fin de soirée.

Liberté de création : En tant que propriétaire d'un food truck, vous avez la liberté créative d'expérimenter avec des menus variés, de la fusion et des recettes uniques. Cela peut vous aider à vous démarquer sur un marché concurrentiel et à attirer les amateurs de cuisine à la recherche de nouvelles expériences culinaires.

Des frais généraux moins élevés : L'exploitation d'un camion-restaurant implique généralement des frais généraux moins élevés que ceux d'un restaurant traditionnel. Vous pouvez économiser sur des dépenses telles que le loyer et le personnel, ce qui peut contribuer à augmenter les marges bénéficiaires.

Engagement communautaire : Les food trucks favorisent souvent un sentiment d'appartenance à la communauté en interagissant directement avec les clients en plein air. Cette touche personnelle peut fidéliser la clientèle et générer un bouche-à-oreille positif.

Adaptabilité : Les food trucks peuvent s'adapter à l'évolution des tendances et des préférences des clients plus rapidement que les restaurants traditionnels. Cette souplesse vous permet de rester pertinent et de tirer parti des nouvelles tendances alimentaires ou des ingrédients saisonniers.

Un terrain d'essai pour les idées : Un camion-restaurant peut servir de terrain d'essai pour de nouveaux plats, de nouvelles stratégies de marketing et de nouveaux concepts commerciaux avant de passer à une exploitation plus importante. Il permet d'obtenir des informations précieuses sur ce qui fonctionne le mieux pour votre public cible.

Potentiel d'expansion : Les entreprises de food trucks qui réussissent peuvent s'étendre à plusieurs camions, à des services de restauration ou même à un restaurant permanent si nécessaire. Cette évolutivité offre des possibilités de croissance à long terme.

Passion et créativité : Pour de nombreux entrepreneurs, l'exploitation d'un camion-restaurant est une entreprise passionnée qui leur permet de partager leur amour de la cuisine avec d'autres. C'est une plateforme qui permet d'exprimer sa créativité, ses compétences culinaires et son esprit d'entreprise !

PARTIE 3
Comment identifier le marché cible de votre Food Truck

Pour identifier le marché cible d'un camion-restaurant, vous devez comprendre qui sont vos clients potentiels et quels sont leurs préférences, leurs besoins et leurs comportements. Voici les étapes à suivre pour vous aider à identifier votre marché cible :

Recherche démographique : Commencez par étudier les données démographiques de la région où vous envisagez d'exploiter votre camion-restaurant. Il s'agit de facteurs tels que l'âge, le sexe, le niveau de revenu, la profession, le niveau d'éducation et la taille de la famille.

Identifier les besoins des clients : Comprendre les besoins et les préférences des clients potentiels. Recherchent-ils des repas rapides et abordables, des options gastronomiques, des choix alimentaires sains ou un type de cuisine spécifique ?

Recherche sur la concurrence : Étudiez vos concurrents dans le secteur des camions-restaurants. Identifiez qui ils ciblent et ce qui fait leur succès. Cela peut vous donner des indications sur les lacunes du marché ou sur les possibilités de différencier vos offres.

Réaliser des enquêtes ou des entretiens : Contactez directement votre public cible par le biais d'enquêtes, d'entretiens ou de groupes de discussion. Posez des questions sur leurs préférences alimentaires, leurs habitudes en matière de restauration, leurs habitudes de consommation et ce qui les attirerait dans un camion-restaurant.

Utiliser les médias sociaux et les outils en ligne : Utilisez les plateformes de médias sociaux et les outils en ligne pour recueillir des données et des informations sur les clients potentiels. Surveillez les conversations, les tendances et les réactions liées aux food trucks et aux entreprises similaires.

Tenez compte de l'emplacement : L'emplacement de votre food truck peut également influencer votre marché cible. Par exemple, si vous vous garez près de bureaux, votre marché cible pourrait être constitué de professionnels en activité à la recherche d'un déjeuner rapide. Si vous vous garez près de parcs ou d'attractions touristiques, votre marché cible peut être constitué de familles, de touristes ou d'amateurs d'activités de plein air.

Créer un avatar de client : sur la base des informations recueillies, créez des avatars de client qui représentent votre public cible. Incluez des détails tels que les données démographiques, les préférences, les comportements, les défis et les objectifs. Cela vous permet d'adapter efficacement vos stratégies de marketing et vos offres.

En suivant ces étapes et en recueillant continuellement des commentaires et des données, vous pouvez affiner votre compréhension de votre marché cible et adapter votre activité de food truck à ses besoins et à ses préférences.

PARTIE 4
Comment créer le menu de votre food truck

La planification d'un menu pour votre entreprise de camionnettes de restauration comprend plusieurs étapes clés pour assurer le succès. Voici un guide qui vous aidera à planifier efficacement le menu de votre food truck :

Étudiez votre marché :
Comprenez les préférences et les goûts de vos clients cibles.
Identifier les tendances alimentaires et les cuisines populaires dans votre région.
Tenir compte des préférences alimentaires (végétarien, végétalien, sans gluten, etc.).

Définissez votre concept :
Décidez du type de cuisine ou du thème de votre food truck (par exemple, cuisine mexicaine, barbecue, hamburgers, cuisine fusion).
Déterminez si vous souhaitez vous concentrer sur un repas spécifique (par exemple, petit-déjeuner, déjeuner, en-cas) ou proposer un menu complet.

Créer un menu de base :
Élaborez une liste de plats emblématiques qui représentent votre concept et plaisent à votre marché cible.
Inclure une variété d'éléments tels que des plats principaux, des accompagnements, des desserts et des boissons.
Veillez à ce que votre menu présente un bon équilibre de saveurs, de textures et d'options diététiques.

Envisager une stratégie de tarification :
Déterminez la fourchette de prix des produits de votre menu en fonction du coût des ingrédients, de la concurrence et de la volonté de payer des clients cibles.
Proposez des combinaisons de prix ou des offres de repas pour attirer les clients et augmenter les ventes.

Tester et affiner :
Effectuez des tests de dégustation et demandez l'avis de vos amis, de votre famille et de vos clients potentiels.
Ajuster le menu en fonction des réactions et de la popularité des plats.

Articles saisonniers et spéciaux :

Envisagez de proposer des offres spéciales saisonnières ou des menus à durée limitée afin de susciter l'enthousiasme et d'attirer des clients réguliers.

Incorporez des ingrédients locaux ou des saveurs saisonnières pour rester pertinent et attirer les tendances saisonnières.

Présentation du menu :

Concevez un panneau de menu accrocheur ou un menu numérique facile à lire et à comprendre.

Utilisez des descriptions attrayantes et des images de haute qualité pour présenter vos plats et séduire les clients.

Considérations opérationnelles :

Veillez à ce que votre menu soit gérable en termes de temps de préparation, de cuisson et de service.

Planifier l'approvisionnement en ingrédients, le stockage et la gestion des stocks afin de maintenir la cohérence et la qualité du menu.

En suivant ces étapes et en évaluant continuellement votre menu en fonction des commentaires des clients et des tendances du marché, vous pouvez créer un menu attrayant et réussi pour votre entreprise de food truck.

Si vous vous sentez encore un peu perdu, voici un menu standard de camion-restaurant qui comprend une variété de produits populaires qui peuvent vous aider à démarrer :

Plats principaux :

Cheeseburger : Galette de bœuf classique, fromage, laitue, tomate, oignon et sauce spéciale sur un pain brioché.

Tacos au poulet : Poulet grillé, laitue, salsa, fromage et crème aigre dans des tortillas de maïs molles.

Roulé végétarien : Légumes grillés, houmous, salades mélangées et fromage feta dans un wrap de blé entier.

Côtés :

Frites : Frites dorées et croustillantes servies avec du ketchup ou de l'aïoli.

Rondelles d'oignon : Rondelles d'oignon battues à la bière, frites à la perfection et servies avec de la vinaigrette ranch.

Salade César : Laitue romaine, croûtons, parmesan et vinaigrette César.

Articles spécialisés :

Sandwich au porc effiloché BBQ : Porc effiloché cuit lentement dans une sauce BBQ piquante, servi sur un petit pain grillé avec de la salade de chou.

Tacos de poisson : Poisson battu à la bière, salade de chou, crème d'avocat et salsa dans des tortillas molles à la farine.

Bol de falafels : Boules de falafel croustillantes, salade taboulé, houmous et sauce tahini sur quinoa.

Desserts :

Churros : Pâte frite saupoudrée de sucre à la cannelle, servie avec une trempette au chocolat.

Sandwich à la crème glacée : Crème glacée à la vanille prise en sandwich entre deux biscuits aux pépites de chocolat.

Salade de fruits : Fruits frais de saison servis frais avec un filet de vinaigrette au miel et au citron vert.

Boissons :

Boissons non alcoolisées : Coca, Sprite, Coca light et autres sodas.

Thé glacé : Thé glacé sucré ou non sucré avec des tranches de citron.

Eau en bouteille : Eau en bouteille plate ou gazeuse.

Ce menu propose un mélange de plats classiques comme les hamburgers et les tacos, ainsi que quelques spécialités pour varier les plaisirs. Vous pouvez adapter le menu en fonction de votre concept spécifique, du public visé et des ingrédients disponibles. N'oubliez pas d'inclure des prix et des descriptions attrayantes sur votre panneau de menu pour attirer les clients !

PARTIE 5
Stratégie de fixation des prix pour les food trucks

Une bonne stratégie de prix pour votre entreprise de food truck peut dépendre de divers facteurs tels que votre marché cible, la concurrence, les coûts et la proposition de valeur. Voici quelques stratégies de tarification que vous pouvez envisager :

Prix de pénétration : il s'agit d'une stratégie de marketing utilisée par les entreprises pour attirer les clients vers un nouveau produit ou service en proposant un prix inférieur lors de son lancement. Ce prix inférieur aide le nouveau produit ou service à pénétrer le marché et à attirer les clients au détriment des concurrents.

Prix de revient majoré : Calculez tous vos coûts (ingrédients, main-d'œuvre, frais généraux, etc.) et ajoutez une marge pour déterminer votre prix de vente. Cela vous permet de couvrir vos dépenses et de réaliser un bénéfice.

Prix basés sur la valeur : Fixez vos prix en fonction de la valeur perçue de vos produits. Si vous proposez des plats uniques ou de grande qualité, vous pouvez les proposer à un prix plus élevé que les plats standard.

Prix compétitifs : Étudiez les prix de vos concurrents et fixez les vôtres à un niveau légèrement inférieur, égal ou supérieur, en fonction de votre positionnement et de vos arguments de vente uniques.

Prix groupés : Proposez des offres de repas ou des combinaisons de plats pour encourager les clients à dépenser plus. Par exemple, un repas combiné comprenant un plat principal, un accompagnement et une boisson à un prix réduit par rapport à l'achat de chaque article séparément.

Tarification saisonnière : Ajustez vos prix en fonction des saisons ou des événements. Par exemple, vous pouvez proposer des promotions ou des réductions spéciales pendant les vacances ou les festivals afin d'attirer davantage de clients.

Prix psychologiques : Utilisez des techniques de tarification telles que la fixation de prix juste en dessous d'un chiffre rond (9,99 $ au lieu de 10 $) ou la mise en évidence de réductions (par exemple, "20 % de réduction") pour rendre vos prix plus attrayants.

Tarification dynamique : Ajustez les prix en fonction de la demande, de l'heure de la journée ou d'autres facteurs. Par exemple, vous pouvez proposer des prix plus bas pendant les heures creuses pour attirer davantage de clients.

Tarification échelonnée : Proposez différents niveaux de prix avec différents niveaux de service ou de portions. Cela permet aux clients de choisir ce qui correspond à leur budget et à leurs préférences.

Envisagez d'expérimenter différentes stratégies de tarification et surveillez leur impact sur les ventes et la rentabilité. Les commentaires des clients et les tendances du marché peuvent également guider vos décisions en matière de prix au fil du temps.

PARTIE 6
Choix de l'emplacement pour votre entreprise de camionnettes de restauration

Le choix d'un bon emplacement pour votre entreprise de food truck est crucial pour sa réussite. Voici quelques conseils pour vous aider à choisir le bon emplacement :

Comprenez votre marché cible : Identifiez vos clients cibles, leurs préférences et les endroits où ils sont susceptibles de se trouver. Tenez compte de facteurs tels que la démographie, le mode de vie et les habitudes alimentaires.

Recherchez les zones à forte fréquentation : Recherchez les zones à forte fréquentation, telles que les quartiers d'affaires, les centres commerciaux, les lieux touristiques, les parcs et les sites d'événements. Ces endroits peuvent attirer un flux constant de clients potentiels.

Tenir compte de la concurrence : Évaluez la présence de concurrents dans la région. Si une certaine concurrence peut être saine, une concurrence trop importante risque de saturer le marché. Choisissez un endroit où vous pouvez vous démarquer ou offrir quelque chose d'unique.

Vérifiez les règlements de zonage : Assurez-vous que l'emplacement que vous avez choisi est conforme à la réglementation locale en matière de zonage et de permis pour les camions de restauration. Certaines zones peuvent avoir des restrictions quant à l'emplacement des camions de restauration.

Évaluez le stationnement et l'accessibilité : Tenez compte de l'espace de stationnement disponible pour votre food truck et veillez à ce qu'il soit facile d'accès pour les clients et pour votre camion.

Évaluer la visibilité et la signalisation : Optez pour un emplacement bien visible afin d'attirer le trafic de passage. Investissez dans une signalisation accrocheuse pour attirer les clients et faire connaître votre présence.

Examiner les coûts : Évaluez les coûts associés à l'exploitation dans différents lieux, y compris le loyer ou les frais, les services publics et les autres dépenses. Établissez un équilibre entre ces coûts et le potentiel de fréquentation et de recettes.

Testez plusieurs emplacements : Envisagez de tester votre camion-restaurant à différents endroits et à différents jours afin de recueillir des données sur les préférences des clients, les ventes et la fréquentation avant de vous engager à long terme.

En suivant ces étapes et en tenant compte de facteurs tels que le marché cible, la concurrence, les réglementations, l'accessibilité, la visibilité et les coûts, vous pouvez choisir un bon emplacement qui maximisera le potentiel de réussite de votre entreprise de camionnettes de restauration.

PARTIE 7
Permis et licences pour les entreprises de camions-restaurants

L'obtention de permis et de licences pour votre entreprise de camionnettes de restauration est une étape cruciale pour garantir la conformité avec les réglementations locales et exercer votre activité en toute légalité. Voici les étapes générales à suivre :

Recherchez les exigences locales : Commencez par vous renseigner sur les permis et licences spécifiques nécessaires à l'exploitation d'un food truck dans votre ville ou votre comté. Les réglementations peuvent varier considérablement en fonction de l'endroit où vous vous trouvez.

Contactez le service de santé local : Contactez le service de santé local pour connaître les réglementations en matière de sécurité alimentaire et les exigences liées à l'exploitation d'un camion-restaurant. Ils peuvent fournir des informations sur les certifications et les inspections nécessaires.

Demander un permis de santé : Obtenez un permis de santé, également appelé permis de manutention des aliments ou permis d'établissement alimentaire, qui prouve que votre camion-restaurant répond aux normes de santé et de sécurité.

Licence d'exploitation : Demandez une licence d'exploitation ou une licence de vente ambulante de produits alimentaires auprès de votre ville ou de votre comté. Cette licence vous permet d'exploiter légalement une entreprise dans la région.

Certifications des manipulateurs d'aliments : Veillez à ce que tous les employés qui manipulent des aliments dans votre food truck possèdent les certifications requises en matière de manipulation des aliments. Ces certifications peuvent impliquer de suivre un cours sur la sécurité alimentaire et de passer un examen.

Zonage et permis de stationnement : Vérifiez les règlements de zonage pour vous assurer que vous pouvez stationner et exploiter votre camion-restaurant dans des zones spécifiques. Il se peut que vous ayez besoin de permis de stationnement ou d'autorisations de la part des propriétaires ou des autorités locales.

Permis de sécurité incendie : Selon l'endroit où vous vous trouvez et la taille de votre food truck, vous pourriez avoir besoin d'un permis de sécurité incendie afin de vous conformer aux codes de prévention des incendies et aux mesures de sécurité.

Autres permis et inspections : En plus de ce qui précède, vous pouvez avoir besoin d'autres permis et inspections, tels que des permis de propane ou de gaz pour les équipements de cuisson, des permis de signalisation et des permis d'évacuation des eaux usées.

Soumettre les demandes et les frais : Préparez et soumettez toutes les demandes requises ainsi que tous les frais nécessaires. Respectez les délais et suivez l'état d'avancement de vos demandes.

Assister aux inspections : Une fois que vos demandes sont approuvées, planifiez et assistez à toutes les inspections requises pour vous assurer que votre camion-restaurant répond à toutes les exigences réglementaires.

Il est important de se tenir au courant de toute modification de la réglementation et de renouveler vos permis et licences comme il se doit afin d'éviter des pénalités ou des perturbations dans les activités de votre entreprise. La consultation d'experts juridiques et réglementaires peut également s'avérer utile pour naviguer efficacement dans le processus d'octroi de permis et de licences.

PARTIE 8

Règlement sur la santé et la sécurité des food trucks

Il est essentiel de connaître les réglementations en matière de santé et de sécurité pour votre entreprise de camionnettes alimentaires afin d'assurer la conformité et le bien-être de vos clients. Voici quelques mesures que vous pouvez prendre pour vous familiariser avec ces réglementations :

Recherche de sites web gouvernementaux : Visitez les sites officiels des agences gouvernementales responsables de la réglementation de la sécurité alimentaire dans votre région. Il peut s'agir de la Food and Drug Administration (FDA) ou du ministère de la santé. Ces sites Web fournissent souvent des informations détaillées sur les exigences, les réglementations et les lignes directrices en matière de sécurité alimentaire spécifiques aux camions-restaurants.

Assister à des ateliers ou à des séminaires : Recherchez des ateliers, des séminaires ou des programmes de formation organisés par les services de santé ou les associations professionnelles. Ces événements peuvent fournir des informations précieuses sur les pratiques en matière de santé et de sécurité, les réglementations et les exigences de conformité pour les exploitants de camions-restaurants.

Consulter les inspecteurs de santé : Organisez une réunion ou une consultation avec les inspecteurs sanitaires ou les responsables de la réglementation de votre région. Ils peuvent vous fournir des informations spécifiques sur les réglementations à respecter, répondre à vos questions et vous guider dans le processus d'obtention des permis et licences nécessaires.

Adhérer à des associations sectorielles : Envisagez d'adhérer à des associations ou à des organisations industrielles liées à l'exploitation de camions-restaurants. Ces associations offrent souvent des ressources, des conseils et des possibilités de réseautage qui peuvent vous aider à vous tenir au courant des règlements et des pratiques exemplaires en matière de santé et de sécurité.

Cours et ressources en ligne : Explorez les cours en ligne, les webinaires et les ressources axés sur la sécurité alimentaire et les réglementations applicables aux entreprises du secteur alimentaire. De nombreuses organisations et plateformes réputées proposent des cours spécialement conçus pour les exploitants de camions-restaurants.

Consulter des experts juridiques et réglementaires : Si vous avez des questions ou des préoccupations spécifiques concernant les réglementations en matière de santé et de sécurité, envisagez de consulter des experts juridiques ou des consultants spécialisés dans les réglementations de l'industrie alimentaire. Ils peuvent vous fournir des conseils personnalisés en fonction de votre situation géographique et des besoins de votre entreprise.

En prenant ces mesures et en vous renseignant de manière proactive sur les réglementations en matière de santé et de sécurité, vous pouvez vous assurer que votre entreprise de camions-restaurants répond à toutes les exigences nécessaires et fonctionne en toute sécurité et en toute légalité.

PARTIE 9
Choisir son Food Truck ou sa remorque

Le choix du bon camion ou de la bonne remorque pour votre entreprise de food truck est crucial pour votre réussite. Voici quelques conseils pour vous aider à faire le bon choix :

Définissez votre menu et vos besoins en équipement : Commencez par définir votre menu et l'équipement dont vous aurez besoin pour préparer et servir vos plats. Cela vous aidera à déterminer la taille et l'agencement de votre camion ou de votre remorque.

Tenez compte de votre budget : Déterminez le montant que vous êtes prêt à investir dans votre camion ou votre remorque de restauration. Cela vous permettra de réduire vos options et de vous concentrer sur les véhicules qui correspondent à votre budget.

Taille et aménagement : Choisissez un camion ou une remorque qui offre suffisamment d'espace pour l'équipement de cuisine, le stockage et l'espace de travail. Tenez compte de facteurs tels que le nombre de membres du personnel qui travailleront à l'intérieur et l'espace debout dont les clients auront besoin.

Exigences en matière de mobilité : Tenez compte de l'endroit où vous prévoyez d'exploiter votre camion-restaurant. Si vous devez naviguer dans des rues urbaines étroites, un camion plus petit peut être plus pratique. Pour les événements plus importants ou les lieux ruraux, un camion plus grand ou une remorque peuvent convenir.

État et entretien : Que vous achetiez un véhicule neuf ou d'occasion, inspectez minutieusement l'état du camion ou de la remorque. Tenez compte des coûts d'entretien courants et de la disponibilité des pièces et du service après-vente dans votre région.

Conformité et réglementation : Assurez-vous que le véhicule que vous choisissez est conforme aux réglementations en matière de santé et de sécurité, notamment en ce qui concerne la manipulation des aliments, la sécurité incendie et l'inspection des véhicules. Renseignez-vous auprès du service de santé local et des organismes de réglementation pour connaître les exigences spécifiques.

Options de personnalisation : En fonction de votre menu et de votre marque, vous souhaiterez peut-être personnaliser l'intérieur et l'extérieur de votre camion ou de votre remorque. Envisagez des options de personnalisation qui correspondent à vos objectifs commerciaux et à l'expérience de vos clients.

Assurance et financement : Recherchez des options d'assurance pour les camions ou remorques de restauration et envisagez des options de financement si vous n'achetez pas directement. Tenez compte des coûts d'assurance et des conditions de financement au moment de prendre votre décision.

En examinant attentivement ces facteurs, vous pourrez choisir le camion ou la remorque qui répondra à vos besoins commerciaux et vous permettra de réussir dans le secteur des camions-restaurants.

Sites web pour trouver un véhicule à prix réduit

FoodTruckEmpire.com

FoodTruckEmpire.com propose une large gamme de camions alimentaires neufs et d'occasion à vendre. Il est facile de comparer les prix et de trouver des remises sur les camions alimentaires qui correspondent à votre budget et à vos besoins.

UsedVending.com

UsedVending.com est spécialisé dans la vente de camions alimentaires d'occasion, de remorques et d'autres équipements de distribution automatique. Il dispose d'un large inventaire de camions à prix réduits de différentes marques et de différents vendeurs. Vous pouvez parcourir leurs listes et contacter directement les vendeurs pour négocier les prix.

FoodTruckForSale.com

FoodTruckForSale.com est une place de marché pour l'achat et la vente de camions alimentaires neufs et d'occasion. Il offre des réductions sur les camions d'occasion et fournit des listes détaillées avec des photos, des spécifications et les coordonnées des vendeurs. Vous pouvez rechercher des camions en fonction de leur localisation, de leur prix et d'autres critères.

RoamingHunger.com

Roaming Hunger est une plateforme qui met en relation les acheteurs et les vendeurs de food trucks. Bien que l'objectif principal soit d'aider les clients à trouver des food trucks pour des événements et des services de restauration, ils proposent également des camions à prix réduits à vendre. Vous pouvez utiliser leurs filtres de recherche pour réduire les options en fonction de votre budget et de votre emplacement.

Craigslist.org

Craigslist est une plateforme populaire de petites annonces en ligne où vous pouvez trouver une variété d'articles à vendre, y compris des camions de nourriture. Bien que les annonces sur Craigslist puissent varier en fonction de l'emplacement et de la disponibilité, il est intéressant de vérifier régulièrement les camions à prix réduit et de négocier directement avec les vendeurs.

Ces sites ne sont pas les seuls, mais ils offrent une série d'options pour vous aider à trouver des camions à prix réduit pour votre entreprise de restauration. Veillez à faire des recherches approfondies sur chaque annonce, à inspecter les véhicules en personne si possible et à négocier les prix pour obtenir la meilleure offre.

PARTIE 10
Équipement et fournitures pour votre entreprise de camionnettes alimentaires

La création d'une entreprise de camionnettes de restauration nécessite un équipement et des fournitures spécifiques pour assurer le bon déroulement des opérations et la capacité de servir des aliments de haute qualité. Voici une liste des articles essentiels dont vous aurez besoin :

Véhicule de restauration : C'est le cœur de votre activité, et il doit être équipé d'installations de cuisson et de stockage. Tenez compte de facteurs tels que la taille, la mobilité et l'agencement lorsque vous choisissez un camion de restauration.

Équipement de cuisson :

Gril pour la cuisson des hamburgers, des sandwichs et d'autres produits.

Friteuse pour frire des aliments tels que des frites, des filets de poulet ou des fruits de mer frits.

Cuisinière ou fourneau pour la cuisson des soupes, des ragoûts et des sauces.

Four pour la cuisson ou le rôtissage.

Micro-ondes pour chauffer ou cuire rapidement certains aliments.

Unités de réfrigération pour le stockage des ingrédients périssables.

Équipement de préparation des aliments :

Planches à découper, couteaux et ustensiles pour la préparation des aliments.

Bols à mélanger, casseroles et poêles pour la cuisine.

Robots de cuisine ou mixeurs pour préparer des sauces, des trempettes ou des smoothies.

Trancheurs et ciseaux pour préparer efficacement les ingrédients.

Équipement de service et d'affichage :

Comptoir de service ou fenêtre pour les interactions avec les clients.

Des vitrines ou des étagères pour mettre en valeur les produits du menu.

Caisse enregistreuse ou système POS pour les transactions.

Panneaux de menu ou panneaux pour afficher les offres et les prix.

Rangement et organisation :

Des étagères et des armoires pour ranger les ingrédients, les ustensiles et les fournitures.

Récipients et bacs de stockage pour garder les aliments frais et organisés.

Poubelles et bacs de recyclage pour la gestion des déchets.

Sécurité et hygiène :

Extincteur et trousse de premiers secours pour les cas d'urgence.

Lavabo pour le lavage des mains et stations d'assainissement pour la sécurité alimentaire.

Des produits de nettoyage tels que des désinfectants, des détergents et des sacs poubelles.

Gants et filets à cheveux de qualité alimentaire pour l'hygiène de la manipulation des aliments.

Générateur ou source d'énergie : Assurez-vous de disposer d'une source d'énergie fiable pour faire fonctionner votre équipement, en particulier si vous travaillez dans des endroits dépourvus d'accès à des branchements électriques.

Équipement spécifique au menu : En fonction de votre menu, vous pouvez avoir besoin d'équipements spécialisés tels qu'un four à pizza, un gaufrier ou une machine à glace.

Fournitures à usage unique et de service :

Assiettes, ustensiles et gobelets jetables.

Serviettes, essuie-tout et lingettes pour le nettoyage et l'utilisation par les clients.

Contenants et sacs pour les plats à emporter.

Matériel de marketing et d'image de marque : Cartes de visite, prospectus, menus et articles de marque pour promouvoir votre food truck et attirer les clients.

Il est essentiel de se renseigner sur les réglementations locales et les codes sanitaires afin de s'assurer de la conformité avec les exigences relatives à l'équipement, à la manipulation des aliments et aux normes de sécurité. En outre, tenez compte de facteurs tels que les limitations d'espace, les contraintes budgétaires et la complexité des menus lorsque vous choisissez l'équipement et les fournitures pour votre entreprise de camions-restaurants.

Sites web sur les camions de nourriture pour l'équipement et les fournitures

WebstaurantStore.com

Résumé : WebstaurantStore est un magasin de fournitures de restaurant en ligne qui propose une large gamme d'équipements, de fournitures et de meubles pour les entreprises de restauration. Ses prix compétitifs, sa vaste sélection de produits et ses options d'expédition rapide en font un choix populaire pour les propriétaires de food trucks.

Restaurant Depot.com

Résumé : Restaurant Depot est un fournisseur de gros basé sur l'adhésion qui s'adresse aux restaurants, aux camions de nourriture et à d'autres établissements de services alimentaires. Il offre des remises en gros sur une variété de produits, y compris les produits alimentaires, l'équipement, les produits jetables et les produits de nettoyage. Il est nécessaire d'être membre pour faire des achats chez Restaurant Depot.

KaTom.com

Résumé : KaTom Restaurant Supply est un fournisseur de confiance d'équipements de cuisine commerciale, de petits articles et de fournitures de restaurant. Son site web est convivial et propose une large gamme de produits de grandes marques. KaTom propose des prix compétitifs, un excellent service client et des options de livraison rapide.

Ace Mart.com

Résumé : Ace Mart est une source fiable d'équipement, de fournitures et de mobilier pour les restaurants et les services alimentaires. L'entreprise répond aux besoins de diverses industries, y compris les food trucks, avec une sélection variée de produits à des prix compétitifs. Ace Mart offre également un service clientèle personnalisé et des services d'expédition rapides.

TigerChef.com

Résumé : TigerChef est un magasin de fournitures de restaurant en ligne qui propose une large gamme de produits pour les cuisines commerciales et les food trucks. Son site Web est convivial, ses prix sont compétitifs et il dispose d'un large inventaire d'équipements, de petits articles et de consommables. TigerChef fournit également des ressources et des guides pour les propriétaires de restaurants.

Ces sites Web sont des sources fiables pour l'achat d'équipements, de fournitures et d'autres éléments essentiels pour votre entreprise de camions-restaurants. Il est recommandé de comparer les prix, de lire les commentaires des clients et de tenir compte des frais et des délais de livraison avant d'effectuer des achats.

PARTIE 11

Sites web sur les camions de nourriture pour l'équipement et les fournitures

WebstaurantStore.com

Résumé : WebstaurantStore est un magasin de fournitures de restaurant en ligne qui propose une large gamme d'équipements, de fournitures et de meubles pour les entreprises de restauration. Ses prix compétitifs, sa vaste sélection de produits et ses options d'expédition rapide en font un choix populaire pour les propriétaires de food trucks.

Restaurant Depot.com

Résumé : Restaurant Depot est un fournisseur de gros basé sur l'adhésion qui s'adresse aux restaurants, aux camions de nourriture et à d'autres établissements de services alimentaires. Il offre des remises en gros sur une variété de produits, y compris les produits alimentaires, l'équipement, les produits jetables et les produits de nettoyage. Il est nécessaire d'être membre pour faire des achats chez Restaurant Depot.

KaTom.com

Résumé : KaTom Restaurant Supply est un fournisseur de confiance d'équipements de cuisine commerciale, de petits articles et de fournitures de restaurant. Son site web est convivial et propose une large gamme de produits de grandes marques. KaTom propose des prix compétitifs, un excellent service client et des options de livraison rapide.

Ace Mart.com

Résumé : Ace Mart est une source fiable d'équipement, de fournitures et de mobilier pour les restaurants et les services alimentaires. L'entreprise répond aux besoins de diverses industries, y compris les food trucks, avec une sélection variée de produits à des prix compétitifs. Ace Mart offre également un service clientèle personnalisé et des services d'expédition rapides.

TigerChef.com

Résumé : TigerChef est un magasin de fournitures de restaurant en ligne qui propose une large gamme de produits pour les cuisines commerciales et les food trucks. Son site web est convivial, ses prix sont compétitifs et il dispose d'un large inventaire d'équipements, de petits articles et de consommables. TigerChef fournit également des ressources et des guides pour les propriétaires de restaurants.

Ces sites Web sont des sources fiables pour l'achat d'équipements, de fournitures et d'autres éléments essentiels pour votre entreprise de camions-restaurants. Il est recommandé de comparer les prix, de lire les commentaires des clients et de tenir compte des frais et des délais de livraison avant d'effectuer des achats.

PARTIE 12
Plan de marketing pour un camion de nourriture

L'élaboration d'un plan de marketing pour votre entreprise de food truck comporte plusieurs étapes clés afin d'atteindre efficacement votre public cible et de promouvoir vos offres. Voici une approche structurée de l'élaboration d'un plan marketing :

Étude de marché :

Identifiez votre marché cible (données démographiques, préférences, comportements).

Analyser vos concurrents (par exemple, leurs offres, leurs prix, leurs stratégies de marketing).

Proposition de vente unique (USP) :

Déterminez ce qui différencie votre food truck de ses concurrents.

Mettez en avant votre USP dans vos efforts de marketing pour attirer les clients.

Buts et objectifs :

Fixez des objectifs spécifiques, mesurables, réalisables, pertinents et limités dans le temps (SMART).

Il peut s'agir, par exemple, d'augmenter les ventes d'un certain pourcentage, de s'étendre à de nouveaux sites ou d'accroître la notoriété de la marque.

Stratégies de marketing :

Définissez votre marketing mix (Produit, Prix, Place, Promotion).

Produit : Décrivez votre offre alimentaire, les variations de votre menu et vos plats du jour.

Le prix : Déterminez votre stratégie de prix (par exemple, prix concurrentiel, prix premium, prix de valeur).

Le lieu : Identifiez les lieux où vous exploiterez votre food truck et envisagez des partenariats avec des événements ou des entreprises.

Promotion : Décrivez comment vous ferez la promotion de votre food truck (médias sociaux, marketing par courriel, partenariats, événements, etc.)

Allocation budgétaire :

Allouez un budget à chaque stratégie de marketing en fonction de vos objectifs et de vos ressources.

Envisagez des canaux et des tactiques de marketing en ligne et hors ligne. Plus loin dans ce livre, nous aborderons l'énorme avantage marketing que représente YouTube !

Plan de mise en œuvre :

Établir un calendrier pour la mise en œuvre de chaque stratégie de marketing.

Attribuer des responsabilités aux membres de l'équipe ou aux partenaires externes.

Mesure et analyse :

Définissez des indicateurs clés de performance (ICP) pour suivre le succès de vos efforts de marketing (par exemple, croissance des ventes, coût d'acquisition des clients, engagement dans les médias sociaux).

Mesurez et analysez régulièrement les résultats afin de prendre des décisions fondées sur des données et d'adapter votre plan de marketing si nécessaire.

Retour d'information et amélioration :

Recueillir les réactions des clients, des employés et des parties prenantes.

Utilisez le retour d'information pour améliorer en permanence vos offres et vos stratégies de marketing.

En suivant ces étapes, vous pouvez élaborer un plan de marketing complet qui vous aidera à promouvoir efficacement votre entreprise de camions-restaurants et à atteindre vos objectifs commerciaux.

PARTIE 13
Financement et financement de votre entreprise de camionnettes alimentaires

Obtenir un financement et des options de financement pour votre entreprise de camions-restaurants implique d'explorer diverses sources de capital pour financer vos coûts de démarrage, vos opérations et votre croissance. Voici quelques options et stratégies de financement courantes que vous pouvez envisager :

Prêt de crédit Paypal : Si vous avez un compte Paypal, presque tout le monde peut bénéficier d'un prêt d'au moins 1 500 $ sans intérêt s'il est payé en totalité dans les 6 mois pour des achats de 99 $ ou plus lorsque vous passez à la caisse avec le crédit Paypal. J'ai personnellement utilisé ce système pour plusieurs achats importants. Il s'agit d'une ligne de crédit renouvelable qui reste sur votre compte Paypal habituel et que vous pouvez utiliser en plus des offres de cartes de crédit habituelles. Le seul inconvénient est que le commerçant doit accepter Paypal.

Épargne personnelle : L'utilisation de vos propres économies ou de vos biens personnels est l'un des moyens les plus simples de financer votre entreprise de camionnettes de restauration. Il peut s'agir d'argent provenant de comptes d'épargne, de fonds de retraite ou de la vente de biens personnels.

Famille et amis : Vous pouvez demander un soutien financier aux membres de votre famille ou à vos amis qui croient en votre idée d'entreprise. Ce soutien peut prendre la forme de prêts ou d'investissements.

Microprêts : Les microcrédits sont de petits prêts généralement proposés par des organisations à but non lucratif, des institutions financières de développement communautaire (CDFI) ou des prêteurs en ligne. Ils conviennent aux entreprises dont les besoins de financement sont modestes.

Les investisseurs providentiels : Les investisseurs providentiels sont des individus ou des groupes qui fournissent des capitaux aux start-ups en échange d'actions ou de dettes convertibles. Ils apportent souvent une expertise précieuse et des possibilités de mise en réseau.

Les investisseurs en capital-risque : Les investisseurs en capital-risque investissent dans des entreprises en phase de démarrage qui connaissent une forte croissance et qui ont un potentiel de rendement important. Ils fournissent généralement des capitaux plus importants, mais exigent également une participation significative dans votre entreprise.

Financement de l'équipement : Si vous avez besoin d'acheter ou de louer de l'équipement pour votre camion-restaurant, vous pouvez explorer les options de financement de l'équipement. Cela vous permet d'étaler le coût de l'équipement dans le temps tout en l'utilisant pour générer des revenus.

Prêts bancaires : Les prêts bancaires traditionnels sont une source courante de financement pour les petites entreprises. Vous pouvez demander un prêt commercial en fonction de votre solvabilité, de votre plan d'entreprise et de vos garanties.

Crédit aux entreprises : Le crédit aux entreprises désigne la solvabilité et la réputation financière d'une entreprise aux yeux des prêteurs et des fournisseurs. Il est distinct du crédit personnel et se fonde sur les antécédents de paiement de l'entreprise, l'utilisation du crédit et d'autres facteurs financiers. Il est essentiel d'établir un crédit commercial solide pour obtenir des prêts, des lignes de crédit et des conditions favorables de la part des fournisseurs, afin d'aider les entreprises à se développer et à prospérer sur le plan financier.

Le crowdfunding : Le crowdfunding est une méthode de collecte de fonds qui consiste à recueillir de petites contributions auprès d'un grand nombre de personnes ou d'organisations pour financer un projet ou une entreprise. Il se déroule généralement sur des plateformes en ligne dédiées au crowdfunding, où les créateurs présentent leurs projets et invitent les gens à y contribuer financièrement. Le crowdfunding permet aux créateurs d'accéder à des capitaux sans passer par les sources traditionnelles telles que les banques ou les investisseurs, tandis que les partisans peuvent participer à des projets auxquels ils croient et reçoivent souvent des récompenses ou des incitations en échange de leurs contributions.

Les subventions : Les subventions sont des fonds non remboursables accordés par des gouvernements, des fondations ou des organisations à des particuliers, des entreprises ou des organisations à but non lucratif à des fins spécifiques telles que la recherche, l'éducation ou le développement communautaire. Contrairement aux prêts, les subventions ne doivent pas être remboursées, ce qui en fait une source précieuse de financement pour des projets ou des initiatives présentant des avantages sociaux, environnementaux ou économiques. Les bénéficiaires de subventions sont généralement tenus de respecter certains critères, tels que la démonstration de l'impact potentiel de leur projet et le respect des lignes directrices relatives aux subventions et des exigences en matière d'établissement de rapports.

Prêts de la Small Business Administration (SBA) : Les prêts de la Small Business Administration (SBA) sont des produits financiers proposés par la U.S. Small Business Administration pour soutenir les petites entreprises dans divers secteurs. Ces prêts sont conçus pour fournir un financement abordable pour la création, l'expansion ou l'acquisition de petites entreprises, en offrant des taux d'intérêt plus bas et des durées de remboursement plus longues que les prêts traditionnels. Les prêts SBA sont disponibles auprès des prêteurs participants et sont assortis de critères d'éligibilité et de procédures de demande spécifiques, adaptés aux différents types d'entreprises et à leurs besoins de financement. Ces prêts aux entreprises peuvent atteindre un maximum de 5 millions de dollars !

Lorsque vous choisissez la bonne option de financement pour votre entreprise de camionnettes alimentaires, tenez compte de facteurs tels que le montant du capital nécessaire, votre solvabilité, les modalités de remboursement, les taux d'intérêt et l'impact sur votre propriété et votre contrôle de l'entreprise. Il est également important de disposer d'un plan d'affaires et de projections financières solides pour démontrer la viabilité de votre entreprise aux prêteurs ou investisseurs potentiels.

Plus loin dans ce livre, nous aborderons plus en détail le crédit aux entreprises, le crowdfunding, les subventions gouvernementales et les prêts garantis par l'administration des petites entreprises.

PARTIE 14

Crédit d'entreprise pour les camions-restaurants

Comment obtenir un crédit commercial pour votre entreprise de restauration ?

Constituez votre entreprise en société : Enregistrez votre entreprise de camion-restaurant en tant qu'entité juridique, comme une société ou une SARL (société à responsabilité limitée). Cela permet de séparer vos finances personnelles de celles de l'entreprise, ce qui est essentiel pour établir un crédit commercial.

Obtenir un numéro d'identification de l'employeur (EIN) : Obtenez un EIN auprès de l'IRS, qui est en quelque sorte le numéro de sécurité sociale de votre entreprise. Ce numéro est nécessaire pour ouvrir des comptes bancaires professionnels et demander des crédits.

Ouvrir un compte bancaire professionnel : Utilisez votre NIE pour ouvrir un compte bancaire d'entreprise au nom de votre camion-restaurant. Séparez les finances de votre entreprise de vos finances personnelles afin de vous constituer un solide historique de crédit.

Demander un numéro D-U-N-S : Demandez un numéro D-U-N-S à Dun & Bradstreet, une agence d'évaluation du crédit spécialisée dans le crédit aux entreprises. Cet identifiant unique est souvent exigé lors d'une demande de crédit commercial.

Établir des lignes commerciales : Travaillez avec des vendeurs et des fournisseurs qui déclarent leurs paiements aux agences d'évaluation du crédit. Payez toujours vos factures à temps pour vous constituer un historique de crédit positif.

Demandez une carte de crédit professionnelle : Recherchez des cartes de crédit d'entreprise qui offrent des récompenses et des avantages adaptés à votre entreprise de camionnettes alimentaires. Effectuez des paiements réguliers et à temps pour améliorer votre cote de crédit.

Surveillez vos rapports de crédit : Vérifiez régulièrement les rapports de solvabilité de votre entreprise auprès des principaux bureaux de crédit tels que Dun & Bradstreet, Experian et Equifax. Corrigez rapidement toute erreur ou anomalie.

Établir des relations avec les prêteurs : À mesure que les antécédents de votre entreprise en matière de crédit se développent, établissez des relations avec des prêteurs et des institutions financières. Cela peut vous permettre d'obtenir des lignes de crédit plus importantes et de meilleures options de financement.

Utilisez le crédit avec sagesse : Soyez stratégique dans l'utilisation de votre crédit et évitez d'épuiser vos lignes de crédit. Maintenez un bon historique de paiement et gérez vos dettes de manière responsable.

PARTIE 15

Faire face à la concurrence et à d'autres défis pour votre entreprise de Food Truck

Faire face à la concurrence, gérer les changements saisonniers et tenir compte des conditions météorologiques sont des aspects importants de la réussite d'une entreprise de camions-restaurants. Voici quelques stratégies à envisager :

Analyse concurrentielle :

Identifiez vos concurrents directs et indirects dans la région. Les concurrents directs sont d'autres food trucks ou vendeurs proposant une cuisine similaire, tandis que les concurrents indirects sont des restaurants ou d'autres établissements de restauration.

Analyser leurs offres, leurs prix, leur clientèle et leurs stratégies de marketing.
Différenciez votre food truck en proposant des plats uniques, des promotions spéciales, un excellent service à la clientèle ou une expérience de marque mémorable.

Engagement et fidélisation des clients :

Établissez des relations solides avec vos clients grâce aux médias sociaux, au marketing par courriel, aux programmes de fidélisation et aux commentaires des clients. Une formation plus détaillée sur le marketing des médias sociaux sera abordée dans d'autres parties de ce livre.

Proposez des incitations telles que des réductions, des cadeaux ou des points de fidélité pour encourager les clients à revenir.

Recueillir des données sur les clients et les utiliser pour personnaliser vos offres et vos promotions.

Adaptation saisonnière :

Adaptez votre menu aux tendances saisonnières et aux préférences locales. Par exemple, proposez des boissons rafraîchissantes et des salades en été et des soupes copieuses et des boissons chaudes en hiver.

Promouvoir les offres spéciales saisonnières et les offres à durée limitée pour attirer les clients à certaines périodes de l'année.

Prévoyez les fluctuations saisonnières de la fréquentation et adaptez votre personnel et vos stocks en conséquence.

Plans d'urgence météorologiques :

Surveillez régulièrement les prévisions météorologiques et mettez en place des plans d'urgence en cas de conditions météorologiques extrêmes telles que des tempêtes, des vagues de chaleur ou des pluies torrentielles.

Investissez dans des équipements et des infrastructures capables de résister aux intempéries, tels que des auvents, des chauffages ou des systèmes de refroidissement.

Envisager d'autres lieux ou événements en cas de mauvais temps afin de maintenir la continuité des activités.

Diversification et flexibilité :

Diversifiez vos sources de revenus en organisant des événements en tant que traiteur, en établissant des partenariats avec des entreprises locales ou en proposant des services de livraison.

Restez flexible dans votre menu et vos opérations pour vous adapter à l'évolution de la demande des clients, aux tendances du marché et aux facteurs externes tels que les conditions météorologiques ou la concurrence.

Amélioration continue :

Évaluez régulièrement vos performances, recueillez les commentaires de vos clients et de votre personnel et prenez des décisions fondées sur des données afin d'améliorer vos offres et vos opérations.

Se tenir au courant des tendances, des innovations et des meilleures pratiques du secteur pour rester compétitif et pertinent sur le marché.

En mettant en œuvre ces stratégies, vous pouvez gérer efficacement la concurrence, faire face aux variations saisonnières et atténuer les effets des conditions météorologiques afin d'optimiser le succès de votre entreprise de camions-restaurants.

PARTIE 16
Ressources pour les entreprises de camions-restaurants

Voici quelques ressources et documents qui vous aideront à créer une entreprise de camions-restaurants :

Sites web et guides en ligne :

Site web de la National Food Truck Association (NFTA) : Fournit des ressources, des lignes directrices et des informations sur la création et l'exploitation d'une entreprise de camionnettes alimentaires.

Food Truck Empire : Propose des articles, des guides et des ressources pour les entrepreneurs de food trucks en herbe.

Guide de l'administration des petites entreprises (SBA) sur la création d'une entreprise de camionnettes de restauration : Fournit des conseils étape par étape sur la planification, le lancement et la gestion d'une entreprise de camionnettes de restauration.

Cours et ateliers :

Les centres locaux de développement des entreprises ou les chambres de commerce peuvent proposer des ateliers ou des cours spécialement destinés aux entrepreneurs de food trucks.

Des plateformes en ligne telles que Udemy, Coursera ou Skillshare peuvent proposer des cours sur la création d'une entreprise de restauration.

Publications et magazines de l'industrie :

"Mobile Cuisine Magazine" : Couvre les nouvelles, les tendances et les conseils pour l'industrie de la restauration mobile.

"Magazine des exploitants de camions-restaurants : Fournit des informations, des études de cas et des bonnes pratiques aux exploitants de camions-restaurants.

Mise en réseau et événements communautaires :

      Participez à des festivals de food trucks, à des conférences sur le secteur et à des événements de réseautage pour rencontrer d'autres propriétaires de food trucks et tirer parti de leur expérience.
      Rejoignez les forums en ligne et les groupes de médias sociaux pour les entrepreneurs de food trucks afin de poser des questions, de partager des idées et d'obtenir du soutien.

N'oubliez pas de vous renseigner sur les réglementations locales, d'obtenir les permis et licences nécessaires, d'élaborer un plan d'entreprise solide et de développer une proposition de vente unique pour votre camion-restaurant afin de vous démarquer sur le marché.

Glossaire de termes pour le Food Truck Business Guide Book pour les débutants

Licence d'exploitation - Autorisation officielle d'exploiter une entreprise dans une zone spécifique.

Cuisine d'économat - Cuisine commerciale agréée utilisée pour la préparation et le stockage des aliments.

Pourcentage du coût des aliments - Mesure du coût des aliments par rapport au prix du menu.

Permis sanitaire - Certification garantissant le respect des réglementations en matière de sécurité alimentaire.

Système de point de vente (TPV) - Technologie utilisée pour traiter les paiements des clients.

Assurance des véhicules utilitaires **- Assurance couvrant les camions-restaurants contre les accidents** et les responsabilités.

Branding - Créer une identité unique pour votre entreprise de food truck.

Ingénierie des menus - Planification stratégique des menus pour maximiser la rentabilité.

Unité mobile de restauration (UFM) - Véhicule motorisé ou remorqué servant à préparer et à servir des aliments.

Traiteur d'événements - Fournir des services de restauration pour des événements spéciaux au moyen d'un camion-restaurant.

Frais de démarrage - Dépenses initiales pour le lancement d'un camion-restaurant.

Food Truck Festival - Manifestation publique mettant en scène de nombreux camions de nourriture.

Frais généraux - Dépenses fixes et variables, à l'exclusion de la nourriture et de la main-d'œuvre.

Heures d'ouverture - Heures spécifiques pendant lesquelles votre food truck sert des clients.

Permis de vente - Autorisation de vendre de la nourriture dans les lieux publics.

Habillage de camion - Dessin personnalisé appliqué à un camion de restauration à des fins publicitaires.

Crowdfunding - Collecte de capital de départ par le biais de dons en ligne.

Fournisseurs en gros - Vendeurs offrant des remises en gros sur l'équipement et les fournitures.

Fenêtre de service - Zone où les clients commandent et reçoivent des aliments.

Poste de préparation - Espace réservé à la préparation des aliments.

Bac à graisse - Équipement permettant de capturer les graisses et les huiles contenues dans les déchets alimentaires.

Générateur - Dispositif portable fournissant de l'énergie électrique au camion-restaurant.

Gestion des stocks - Suivi des niveaux de stock pour éviter les ruptures.

Flotte - Groupe de camions de restauration exploités par un seul propriétaire.

Marge bénéficiaire - Pourcentage du chiffre d'affaires restant après déduction des dépenses.

Frais de licence - Coûts liés à l'obtention des permis nécessaires à l'activité de l'entreprise.

Point de vente mobile - Système portable permettant de prendre des commandes et de traiter les paiements.

Rapport quotidien des ventes - Un résumé des ventes et des revenus de la journée.

Planification des itinéraires - Stratégies concernant les lieux et les heures de service des camions de restauration.

Flux de travail dans la cuisine - Organisation des tâches en vue d'une préparation efficace des aliments.

Marketing des médias sociaux - Utilisation de plateformes telles qu'Instagram pour attirer les clients.

Normes d'hygiène - Pratiques d'hygiène requises par la loi pour la manipulation des aliments.

Location de camion - Louer un camion de restauration au lieu d'en acheter un.

Données démographiques sur les clients - Caractéristiques de votre public cible.

Parc de camions alimentaires - Zone désignée où plusieurs camions alimentaires circulent.

Formation des employés - Enseigner au personnel les techniques de sécurité alimentaire et de service à la clientèle.

Menu de spécialité - Une sélection unique de produits alimentaires définissant votre marque.

Demande saisonnière - Fluctuations de l'intérêt des clients en fonction des saisons.

Flux de trésorerie - Montant net des liquidités qui entrent et sortent de l'entreprise.

Ambassadeurs de la marque - Clients fidèles qui font la promotion de votre entreprise par le bouche-à-oreille.

Étude de marché - Collecte de données sur les concurrents et les préférences des clients.

Food Truck Association - Un groupe qui offre des ressources et défend les intérêts des opérateurs.

Ouverture en douceur - Essai avant le lancement officiel du food truck.

Processus d'autorisation - Étapes permettant d'obtenir l'autorisation légale d'exploitation.

Relations avec les fournisseurs - Partenariats avec les fournisseurs pour assurer la cohérence des stocks.

Panneau de menu numérique - Afficheurs électroniques pour présenter les produits alimentaires.

Ordonnances locales - Lois de la ville ou du comté affectant les activités des camions de restauration.

Emballage écologique - Contenants alimentaires biodégradables ou recyclables.

Sources de revenus - Sources de revenus telles que la restauration ou le service régulier dans la rue.

Programme de fidélisation de la clientèle - Mesures incitatives encourageant les visites répétées.

Camions de cuisine du monde

World Food Trucks à Kissimmee, en Floride, est un parc de camions-restaurants dynamique qui propose une gamme variée de cuisines du monde, avec un accent particulier sur les saveurs latino-américaines. Situé au 5811 W. Irlo Bronson Memorial Highway, juste en face d'Old Town et de Fun Spot, il compte plus de 50 food trucks et prévoit d'en accueillir plus de 100. Ouvert tous les jours de midi à tard dans la nuit, le parc propose des plats de Porto Rico, du Mexique, du Venezuela et d'ailleurs, souvent agrémentés d'une touche unique.

Les plats les plus populaires sont le mofongo, les empanadas, les tacos et les plats fusion comme le riz fumé avec du porc effiloché. Le parc offre également une atmosphère de carnaval avec des desserts tels que des mini beignets, des gâteaux en forme d'entonnoir et des crèmes glacées. World Food Trucks organise fréquemment des événements tels que des soirées karaoké, ce qui en fait une destination attrayante pour les familles comme pour les amateurs de cuisine

Pour plus d'informations, visitez leur site web officiel ou explorez leur chaîne YouTube pour découvrir des profils de food trucks.

https://www.worldfoodtrucks.com/

Food Trucks Heaven

Le Food Trucks Heaven de Kissimmee, en Floride, est un lieu dynamique pour les amateurs de cuisine et les familles. Situé derrière le Main Gate Flea Market, au 5403 W Irlo Bronson Memorial Highway, il propose une variété de food trucks gastronomiques offrant diverses cuisines, des tacos artisanaux et sandwichs cubains aux desserts gourmands comme les churros et les crèmes glacées. L'ambiance est animée, souvent agrémentée de musique live et de divertissements pour les familles. Les visiteurs peuvent savourer leur repas sur des sièges en plein air tout en s'imprégnant de l'ambiance conviviale et communautaire qui y règne

Il est ouvert tous les jours, généralement de midi à 22h30, avec des horaires prolongés le week-end. Le parking est pratique et l'établissement est réputé pour son mélange éclectique de saveurs et son excellent service.

Pour plus d'informations, vous pouvez visiter leur site web officiel ou appeler le (407) 305-3624.

https://foodtrucksheaven.com/

Conclusion

Se lancer dans l'aventure des food trucks est une entreprise passionnante et gratifiante, qui allie créativité culinaire et esprit d'entreprise. Dans ce livre, nous avons exploré toutes les étapes critiques nécessaires à la création, à la gestion et au développement d'une entreprise de food truck prospère. Qu'il s'agisse de comprendre votre marché cible, d'élaborer le menu parfait ou de gérer les licences, les réglementations sanitaires et la concurrence, ce guide a été conçu pour vous apporter des connaissances pratiques et des conseils utiles.

Le secteur des food trucks offre des possibilités infinies d'innovation et d'expression personnelle. Toutefois, la réussite ne se limite pas à la passion de la cuisine ; elle exige une planification stratégique, une capacité d'adaptation et une volonté d'apprendre. Au fur et à mesure que vous avancez, tirez parti des ressources, des conseils et des stratégies présentés dans ces chapitres pour surmonter les difficultés et vous démarquer sur un marché concurrentiel.

N'oubliez pas que votre food truck est plus qu'une entreprise - c'est une représentation de votre marque, de votre vision et de votre amour pour la bonne cuisine. Avec du dévouement et une bonne approche, votre food truck peut devenir non seulement une source de revenus, mais aussi un centre mobile pour la communauté, la connexion et les délices culinaires.

Le chemin à parcourir peut être semé d'embûches, mais les récompenses en valent la peine. Faites le premier pas, restez déterminé à atteindre vos objectifs et commencez votre voyage en camion-restaurant. Les possibilités sont infinies et le succès est à portée de main !

Enfin, si vous avez aimé ce livre, prenez le temps de partager vos impressions et de poster une critique sur Amazon. Nous vous en sommes reconnaissants !

Merci beaucoup,

Brian Mahoney

Vous pourriez également être intéressé par :

Comment obtenir de l'argent pour la création d'une petite entreprise :
Comment obtenir de l'argent en masse grâce au crowdfunding, aux subventions et aux prêts gouvernementaux ?

Par Ramsey Colwell

Par Ramsey Colwell

www.ingramcontent.com/pod-product-compliance
Lightning Source LLC
LaVergne TN
LVHW012035060526
838201LV00061B/4615